AF358088

PUBLICATION DES *ANNALES DE L'ENREGISTREMENT*

M. CARON

DIRECTEUR
DE L'ENREGISTREMENT ET DES DOMAINES
A ROUEN

—

NOTICE NÉCROLOGIQUE

ABBEVILLE

IMPRIMERIE ET STÉRÉOTYPIE A. RETAUX

84, CHAUSSÉE MARCADÉ, 84

M. CARON.

M. CARON

DIRECTEUR DE L'ENREGISTREMENT A ROUEN

Le 22 juin, ont eu lieu à Chériennes, petit village du Pas-de-Calais où il est allé mourir, les obsèques de M. Caron, directeur de l'Enregistrement à Rouen. Le personnel du département de la Seine-Inférieure était représenté par une délégation qui avait apporté une superbe couronne de perles blanches et noires. Le deuil était conduit par le frère du regretté directeur et par M. Gavel, sous-inspecteur à Rouen, son collaborateur de tous les jours. Les cordons du poêle étaient tenus par M. de Beaupuis, sous-inspecteur à Yvetot, et par trois amis de M. Caron, venus d'Amiens, MM. Damonneville, Lefébure, directeur des Domaines, et Pinchemel adjoint au maire.

Nous avons connu M. Caron il y a vingt ans et nous nous rappelons combien il était accueillant, ouvert, bienveillant aux jeunes. Il est resté le type de l'excellent camarade, aussi attaché à notre vieille administration et à ses devoirs professionnels que jaloux de conserver et d'entretenir des liens de confraternité que de fréquents rapports administratifs transforment si aisément en liens d'amitié.

L'un des premiers, M. Caron a applaudi à la naissance des *Annales* et il s'est employé à les propager. Il a fait plus : il en a toujours suivi la marche et encouragé la généreuse ardeur. Nous lui devons plusieurs communications importantes.

MM. Lefébure et Gavel ont prononcé sur la tombe des paroles d'adieu touchantes et vraies. Elles constituent la plus élogieuse notice nécrologique.

Messieurs,

Au nom des amis de M. Caron, je viens lui adresser un dernier adieu. La nouvelle de sa mort nous a surpris comme un coup de foudre. Nous pensions qu'il était allé demander à des eaux salutaires l'amélioration d'une santé depuis longtemps chancelante, et brusquement nous est arrivée la fatale dépêche annonçant son décès à Chériennes.

M. Caron avait conservé pour son pays natal une véritable affection. Lorsqu'il se sentait fatigué, moralement ou physiquement, c'est ici qu'il accourait. Il venait se retremper auprès de ce frère, qu'il aimait avec passion ; il venait respirer l'air vivifiant de cette campagne et revoir ses bons amis de Chériennes. Tout le monde lui faisait fête : les visages lui souriaient, les mains se tendaient vers lui. N'était-il pas l'enfant du pays, qui appartient et qui fait honneur à la commune. — Il a voulu y mourir.

Le hasard de la vie administrative m'a permis de retrouver, dans les archives de la Direction d'Amiens, une partie de la correspondance que, jeune receveur, M. Caron adressait à son directeur, qui avait su l'apprécier et dont il est devenu l'ami très dévoué. Chaque page montre combien était développé en lui l'esprit de famille : « Je suis content, écrivit-il, et je « vous ai toute reconnaissance de ma nomination au bureau de Moyenne-« ville : mon désir le plus vif est toujours de rester le plus près possible de « ma famille. »

Les lettres se succèdent pendant plusieurs années sans la moindre variante : toujours la même pensée !

Un peu plus tard, en 1861, il vient de recevoir la récompense de son travail et de son mérite professionnel : il est nommé dans le cadre des employés supérieurs, il a doublé une étape difficile, qui va marquer une nouvelle phase dans le cours de sa carrière. Il adresse ses adieux à son directeur. Écoutez-les : « Je n'oublierai jamais que c'est grâce à vous que « j'ai eu la consolation d'être auprès de mes parents dans leurs dernières « années et de pouvoir leur fermer les yeux ! »

Comme il est ému et touchant ce souvenir ainsi donné à ceux qui ne sont plus. A l'heure où sa carrière administrative vient se dessiner, où

l'avenir s'ouvre pour lui plein de promesses, le fonctionnaire ne songe
même pas à l'avancement obtenu. C'est le fils qui laisse déborder toute la
tendresse de son cœur !

Je me borne à ces deux citations : elle permettent d'apprécier le culte
profond que notre ami avait voué à sa famille.

En 1864, M. Caron eut la grande joie de rentrer dans le département
de la Somme, c'est-à-dire de se rapprocher des siens. Vérificateur à Abbeville d'abord, à Amiens ensuite, il a su, dans chacune de ces villes, se
créer des amitiés que ni le temps ni l'éloignement n'ont pu affaiblir. Elles
lui venaient de la sûreté de ses relations, de la courtoisie de ses manières,
de la franchise de son caractère. Il se donnait tout entier à ses amis et il
ne se reprenait pas. Il ne comprenait pas l'amitié banale, il la voulait profonde et prête à tous les dévouements. C'est celle qu'il a toujours pratiquée. — Quel charmant camarade dans l'intimité! Enjouée,
vive, alerte, sa conversation petillait avec une pointe de scepticisme et un
tour d'esprit légèrement paradoxal. Ses yeux brillaient et son visage
s'éclairait d'une franche gaieté, lorsque ses objections ou ses ripostes
avaient dérouté l'interlocuteur. Et tout cela avec la meilleure grâce, sans
jamais un mot amer ou même déplaisant. Je ne connais personne qui ait .
été plus indulgent et plus tolérant pour ses amis.

Jusqu'en 1870, le mérite de M. Caron, comme employé, n'avait guère
été apprécié que de ceux avec qui il était en rapport. Ce mérite devait
bientôt s'affirmer d'une manière éclatante. Depuis longtemps, M. Caron
avait conçu l'idée de préparer une refonte complète des diverses lois qui
régissent l'impôt de l'Enregistrement. « Ce n'est pas assez, disait-il, que
« la loi soit juste; il faut encore qu'elle soit claire dans ses termes et d'une
« application facile ! »

L'occupation étrangère lui avait procuré des loisirs. Travailleur infati-
gable, il les mit à profit : il assuma et accomplit la lourde tâche de reviser
les lois parues depuis quatre-vingts ans en matière d'enregistrement, les
coordonnant, les annotant, les condensant en un vaste projet de près de
150 articles, dont chaque disposition était examinée et discutée à fond.

L'impression produite par cette « Réforme de la législation » fut profonde et ceux-là mêmes qui ne partageaient pas les idées de l'auteur durent
reconnaître tout ce que son livre contenait de science théorique et expéri-
mentale, d'érudition et d'aperçus ingénieux. Depuis lors, les idées du
novateur ont fait leur chemin, bon nombre de ses propositions ont été con-
sacrées par le législateur et la moisson n'est pas terminée.

La publication de cet ouvrage avait tiré M. Caron hors de pair. Peu après, il est appelé à Paris avec son grade de vérificateur. Puis inspecteur à Rouen, il revient à Paris comme inspecteur des Domaines. Enfin nommé directeur, il est chargé de diriger l'important service de l'enregistrement dans la Seine-Inférieure. Cette brillante fortune administrative ne l'éblouit pas. Il resta ce qu'il avait toujours été, bon, aimable, doux et bienveillant pour tous.

Comme son prédécesseur, qui avait été son ami, il s'est toujours appliqué à concilier les intérêts du Trésor et ceux des contribuables. Jamais il ne s'est départi des idées de modération et de justice qui, en toutes circonstances, avaient été la règle de sa conduite. Aussi, il était parvenu à conquérir sur tous un véritable ascendant moral.

Quant aux nombreux agents placés sous ses ordres, ils lui étaient absolument dévoués et leur respect s'était bien vite changé en une véritable affection filiale. Je n'exagère pas, Messieurs, en vous disant que le personnel du département de la Seine-Inférieure, sans aucune exception, porte le deuil de son Directeur.

Puisse l'expression de ces regrets adoucir la profonde douleur de ce frère qui a tenu une si large place dans le cœur de M. Caron et atténuer l'amertume de cette séparation.

Pour nous, mon cher Caron, qui vous avons connu et aimé, nous garderons pieusement le souvenir de votre bonne et solide amitié.

Au nom de vos amis, adieu !

Discours de M. Gavel.

M ESSIEURS,

Après l'éloquent adieu que vous venez d'entendre, ma tâche est simplifiée. Je tiens, cependant, au nom de tous mes camarades de la Seine-Inférieure, à confirmer l'expression des vifs regrets que nous inspire la mort de M. Caron.

Une voix autorisée vous a fidèlement retracé la brillante carrière du fonctionnaire et vous connaissez tous les qualités de l'homme que nous pleurons ; la vivacité de son intelligence, le tour si original et si gai de son esprit, la simplicité de ses manières, l'affabilité de son accueil. Mais ce que vous n'avez pu apprécier comme nous, depuis longtemps placés sous ses ordres, c'est l'extrême bienveillance que notre regretté Directeur apportait dans ses rapports avec ses subordonnés et par laquelle il avait si bien su gagner leur affection et leur dévouement.

Les douleurs d'une longue et cruelle maladie n'avaient pu altérer ni son caractère si bon, ni son attachement si vivace à cette grande famille administrative, où il exerçait une paternelle autorité et dont il ne voulait pas se séparer ; aussi a-t-il lutté avec la plus rare énergie contre le mal envahissant ; c'est seulement lorsqu'il s'est vu tout à fait terrassé qu'il a consenti à venir chercher au pays natal, au milieu des siens, les soins, qui ne pouvaient, hélas ! le sauver et qui n'ont eu qu'une trop courte durée.

C'est de cette bonté exquise du fonctionnaire et du Chef que votre plus ancien collaborateur se fait un douloureux devoir de rendre témoignage, en vous adressant, cher et excellent Directeur, un suprême hommage d'affectueux respect et le dernier adieu.

4610. — ABBEVILLE, TYP. ET STÉR. A. RETAUX. — 1887.

ABBEVILLE

TYPOGRAPHIE ET STÉRÉOTYPIE A. RETAUX.

1887